LORRAINE
ALSACE

Terre Promise

par

Albert de Dietrich

Lorraine, Alsace...
Terre Promise !

PRIX : 1 FR.

ALBERT DE DIETRICH

Lorràine, Alsace...
Terre Promise !

Vue de Sainte-Odile.

DÉPOT PRINCIPAL
A " L'EFFORT ALSACIEN ET LORRAIN "
3, RUE RÉCAMIER, 3 — PARIS
1918

Une Lettre de S. Franklin Mac Donald

Vous avez entrepris d'éclairer vos Alliés de langue anglaise sur les questions concernant l'Alsace-Lorraine et avez fait comprendre que ce pays, victime du militarisme prussien, doit en être affranchi.

Il est bien plus que l'un des enjeux de la lutte de la civilisation contre la barbarie : comme vous le dites, il en est le symbole vivant. La consécration de la victoire du droit et de la liberté ne serait pas complète si l'Alsace-Lorraine restait enchaînée.

Je suis de ceux qui ont cru que le plébiscite était désirable ; je ne le crois plus. Je vois aussi que les Alsaciens-Lorrains doivent être mis à l'abri du contact insultant et d'un nouvel envahissement des hordes du Dieu au Marteau, le nouveau « vieux dieu » allemand, dont ils seraient les martyrs si l'Alsace-Lorraine, devenant neutre, leur restait ouverte. Vous avez raison, elle doit être intégralement française.

Il vous appartenait de nous le dire : votre ancêtre, maire de Strasbourg en 1681, était signataire de l'acte par lequel cette cité se donnait à la France. Un autre, maire en 1792, inspira *Rouget de Lisle lorsqu'il créa l'immortelle Marseil-laise. Vous-même avez fait campagne, dès le début de cette guerre, et menez maintenant une lutte opiniâtre par vos paroles et vos écrits.*

Vous en recueillerez les fruits, j'en suis convaincu, et vos amis de Grande-Bretagne et d'Amérique fêteront avec vous le retour des couleurs françaises à Strasbourg.

Franklin Mac Donald.

INTRODUCTION

Cette brochure résume environ vingt conférences et discours que j'ai faits en Écosse, en janvier-février 1918.

En la publiant, je désire exprimer ma reconnaissance, pour le cordial accueil que j'y ai reçu, à MM. les Lords Provosts, Provosts (maires), membres des Conseils municipaux et des Chambres de Commerce, directeurs des Universités et Écoles supérieures, membres de Clubs et d'Associations, en premier lieu de la Société Franco-Écossaise, officiers commandants des camps Y.M.C.A.,etc. à Édimbourg, Glasgow-Greenouth, Dundee, Saint-Andrews, Aberdeen, Inverness, les camps de Maryhill, Craighleith, Kinross, Balganask.

De toutes ces réunions, je conserve le souvenir d'une franche sympathie pour mon pays et j'en reste profondément touché.

Lorsque je mis pour la première fois le pied sur le sol

de l'Écosse, je subis aussitôt le charme de cette hospitalité, qu'en France on nous donne toujours pour modèle, mais c'est aussi comme Alsacien que je me sentis attiré vers cette contrée : j'y ai trouvé des sites familiers, bien des villes y sont bâties dans ce même grès rose dont le flamboiement m'a rappelé les maisons et les monuments de mon pays natal ; d'autres sont faits en granit, comme les antiques murailles celtiques d'Alsace. La forme des montagnes, leur végétation, leurs vallées, leurs ruisseaux, ressemblent à ceux des Vosges. Ne doit-il pas y avoir quelque analogie fondamentale entre habitants d'une terre si semblable ? Je le crois, j'ai trouvé en Écosse l'esprit d'indépendance de nos têtes un peu dures qui résiste aux suggestions suspectes de l'étranger, et cette belle et loyale franchise qui caractérise aussi l'Alsacien.

Autant que les meilleurs raisonnements, ces communes vertus rapprochent ceux qui combattent pour une noble cause.

Je crois que les idées exprimées ici peuvent être proposées dans cette même forme à tous nos alliés de langue anglaise. Quelques très bons ouvrages ont déjà été imprimés : une excellente brochure de M. Whitney Warren, donnant sa conférence faite à New-York, avant que son pays soit entré en guerre ; un livre très documenté sur l'histoire d'Alsace-Lorraine par un autre Américain, M. Ch. D. Mazen : *L'Alsace-Lorraine sous la domination allemande.*

J'ai cherché à condenser les matières le plus possible et à développer certains points qui ne sont pas traités pareillement ailleurs. Je recommande à nos amis de lire le plus qu'ils pourront sur ce sujet. Après une première lecture, bien des choses s'oublient, qui se gravent dans la mémoire lorsqu'on les retrouve sous une forme différente. Les conclusions seront toujours les mêmes, qu'elles soient tirées par des étrangers d'un esprit large et indépendant ou par des Alsaciens-Lorrains, restés au pays après 1871 ou bien demeurés Français, mais ayant conservé des liens et des intérêts en Alsace, dont je suis moi-même.

A. DE DIÉTRICH.

Paris, mars 1918.

Historique

Les départements formant ce qu'on a appelé l'Alsace-Lorraine, annexés à l'Allemagne après le traité de Francfort, qui mit fin à la guerre de 1870-1871, doivent faire retour à la France.

Les arguments à l'appui de cette affirmation sont d'ordre historique, sentimental et économique. Nous les passerons en revue et en tirerons des conclusions.

La frontière naturelle de la France à l'Est est constituée par un rempart, les Vosges, et un fossé, le Rhin ; entre les deux, l'Alsace, terre héroïque, toujours convoitée, toujours offerte en sacrifice, dans le sang de ses enfants, sur l'autel fumant de ses ruines. Mais sa glorieuse et tragique destinée la ramène toujours à la Mère-Patrie.

La Gaule était limitée par le Rhin, nous racontait Jules César, il y a deux mille ans ; de l'autre côté, les Germains, les barbares.

En l'an 800, Charlemagne avait réuni à la France une partie de la Germanie et de l'Italie en un immense Empire, qui, après lui, fut partagé entre ses descendants, mais si les contrées avoisinant le Rhin, la Lorraine, l'Alsace, tombent successivement sous la domination de différents souverains, jamais, dans la suite des siècles, les rois de France n'ont renoncé à leurs droits héréditaires allant jusqu'au Rhin.

Dès 1542, la Lorraine était un duché indépendant, reconnu tel par le traité de Nuremberg, l'empereur d'Allemagne, Charles-Quint, renonçant à sa suzeraineté sur les ducs de Lorraine qui devenaient ainsi des souverains autonomes.

La ville de Metz soutint un siège mémorable contre cet empereur, qui ne put s'en rendre maître, à la suite de quoi les trois évêchés, Toul, Metz et Verdun restèrent au roi de France, Henri II, par leur choix.

L'Alsace était, à cette époque, non pas une province, mais un enchevêtrement de territoires obéissant à des maîtres divers. Strasbourg, république possédant un domaine important, était administrée par un Gouvernement indépendant et ne reconnaissait pas la suzeraineté de l'empereur d'Allemagne, dont elle se considérait comme l'alliée et non la vassale, ainsi qu'elle le fit savoir fièrement à Charles-Quint qui voulait la contraindre à prêter serment. La noblesse possédait une grande partie du pays ; elle avait sa propre juridiction et n'était vassale d'aucun souverain, mais reconnaissait l'empereur d'Allemagne; dix villes appelées la Décapole composaient une fédération qui cherchait incessamment à s'affranchir de l'autorité d'un agent impérial siégeant à Haguenau, l'une d'elle ; enfin quelques princes et abbayes se partageaient le reste du pays.

En 1618, les princes allemands ayant embrassé la religion protestante, appelèrent le roi de France à leur secours contre l'empereur d'Allemagne, et la guerre de Trente Ans qui s'ensuivit fit de l'Alsace un vaste champ de bataille ; les Suédois, Autrichiens, Français, s'emparaient alternativement des bourgades fortifiées qui eurent à souffrir cruellement, si bien que la population fut réduite au 1/10e, soit à 40.000 habitants. Le traité de Westphalie ou de Munster, en 1648, mit heureusement fin à cette désastreuse guerre, et la France se retrouva en possession du pays. La ville de Strasbourg se donna au roi de France en 1681. L'Alsace renaquit vite et jouit bientôt d'une grande prospérité que l'empire d'Allemagne, qui, depuis des siècles, n'était qu'une confédération livrée à l'anarchie, ne pouvait lui assurer.

Cette confédération n'avait d'ailleurs rien de commun avec l'empire allemand actuel : la Prusse qui en est l'âme était peu de chose autrefois; l'Autriche au contraire, prédominait. Pourquoi la Prusse ne réclame-t-elle pas l'annexion de l'Autriche qui ne fait pas partie de l'empire allemand d'aujourd'hui, pourquoi n'est-ce pas l'Autriche qui réclame l'annexion de l'Alsace?

L'Alsace et la Lorraine n'ont donc jamais été enlevées à la nation allemande qui n'existait pas : le principe du Saint Empire Romain était une alliance défensive contre les invasions d'Orient, et plus tard surtout contre les Turcs ; le roi de France aurait pu en devenir éventuellement le souverain élu.

En 1737, le duc de Lorraine, François III, devenant

empereur d'Autriche par son mariage avec Marie-Thérèse, céda son duché au roi de France, en échange du duché de Toscane. La Lorraine fut attribuée pendant sa vie au roi de Pologne dépossédé, Stanislas Leczinski, beau-père du roi de France, Louis XV, qui en reprit possession en 1766.

La France avait retrouvé ainsi ses anciennes frontières. Mulhouse, ville alsacienne qui avait fait partie pendant plusieurs siècles de la confédération helvétique se donnera librement à la France en 1798.

A la fin du dix-huitième siècle, des idées nouvelles de libération des peuples et d'égalité devant la loi, lesquelles depuis longtemps avaient déjà eu leur effet en Grande-Bretagne et surtout en Amérique, où les Etats-Unis s'étaient fondés, se répandirent en France et donnèrent lieu à la Grande Révolution. L'Alsace, préparée par la tradition démocratique de ses villes, les reçut en général avec enthousiasme. Un grand besoin d'unité administrative se faisait sentir, le morcellement du territoire indiqué plus haut, qui avait subsisté même après le retour à la France, rendait toute la vie économique et les transactions commerciales difficiles ; l'unification des lois et la suppression de vieux usages, devenus souvent des abus intolérables, s'imposèrent là autant, sinon plus, que partout ailleurs.

Le voisinage de l'Allemagne, où les défenseurs de la féodalité du Moyen-Age se rassemblèrent pour résister à ce grand mouvement qui allait s'étendre sur le monde, devint aussitôt une menace, non seulement pour l'extension de ces principes, mais pour l'existence même de la France. Strasbourg était, par sa position géographique, la porte de la France et son plus important ouvrage de défense. Le 20 avril 1790, le roi de France, Louis XVI, qui était encore au pouvoir, déclara la guerre à l'Autriche et à la Prusse coalisées.

Le 24 avril, la déclaration en fut lue solennellement sur les places publiques par le maire chevauchant à travers la ville à la tête de la magistrature, et ce ~~ur-là, tous les cœurs battirent à l'unisson pour la défe~~ du sol national, justifiant la déclaration que le maire avait faite lors de sa nomination, en juillet 1789, en disant :

— *Nous avons juré et nous jurons de verser jusqu'à la dernière goutte de notre sang pour maintenir la constitution. Si la ville de Strasbourg n'a pas eu la gloire de donner l'exemple la première aux villes du royaume, elle aura du moins celle d'être, par l'énergie du patriotisme de ses habitants, un des boulevards les plus forts de la liberté française.*

Le soir de ce jour, un banquet réunit chez le maire les officiers qui allaient rejoindre leur poste de combat ; un jeune capitaine d'artillerie, Rouget de l'Isle, était du nombre.

Le maire s'adressa à ses convives et émit le vœu qu'un chant de guerre fût composé pour les jeunes volontaires dont il venait d'organiser la troupe appelée « les **Enfants de la Patrie** », où ses deux fils venaient de s'engager, et que l'aîné, âgé de dix-neuf ans, commandait.

Rouget de l'Isle était poète et musicien ; rentré dans son modeste logis, il saisit son violon et une magnifique inspiration s'empara de lui. La nuit se passa dans la méditation et l'extase, et à l'aube du 25 avril 1790, les paroles et la musique étaient écrites.

Le poète l'apporta chez le maire, qui réunit de nouveau les amis de la veille et, accompagné par sa nièce, chanta lui-même, aux acclamations de ses invités, le chant de l'armée du Rhin que son ami avait composé. Il le fit aussitôt imprimer.

La musique militaire le joua, des colporteurs l'appor-

tèrent à Marseille, où les volontaires partant pour le front
le chantèrent en traversant toute la France ; et c'est
ainsi qu'il s'appela *la Marseillaise.*

Si je vous ai raconté avec quelques détails comment
notre hymne national est né en Alsace, c'est que j'estime
que ce n'est pas l'effet d'un hasard. C'est là qu'il devait
naître, inspiré a son immortel auteur par le maire de
Strasbourg, qui avait la garde de cette clé de la France,
d'où *la Marseillaise* est partie pour devenir, par une vertú
miraculeuse, le plus puissant entraîneur d'hommes qu'on
ait vu. Le maire, Frédéric de Diétrich, qui en était l'ins-
pirateur, était mon bisaïeul, duquel la tradition est venue
à moi, et c'est un motif de plus pour m'attacher de toutes
mes forces aux grandes raisons historiques qui lient
l'Alsace à la France.

Je viens de les résumer rapidement, pour les opposer
à toutes celles que les Allemands essaient d'accumuler
pour prouver que l'Alsace-Lorraine avait été arrachée
de force à l'Allemagne. Elles n'ont qu'une importance
très relative, mais les Allemands ont mis tant de soin à
les escamoter ou à les falsifier, qu'on a presque fini par
les croire lorsqu'ils proclamaient que Louis XIV avait
volé l'Alsace à l'Allemagne, et qu'il est encore actuellement difficile de faire accepter la vérité par les étrangers.

Ces raisons ont été reconnues par les Allemands eux-
mêmes à toutes les époques ; il a fallu l'outrecuidante
fourberie des Prussiens pour les contester.

Déjà au douzième siècle, l'empereur d'Allemagne,
Barberousse disait : « En passant le Rhin, on passe d'Allemagne en France. »

En 1709, l'ambassadeur du roi de Prusse, le baron Von
Schmettau, n'hésitait pas à écrire à son souverain :

Il est notoire que les habitants d'Alsace sont plus Fran-

çais que les Parisiens eux-mêmes, et le roi de France est si sûr de leur dévotion à son service et à sa gloire qu'il a donné ordre de leur fournir des canons, sabres, hallebardes, pistolets, de la poudre et du plomb, toutes les fois qu'il soupçonne les Allemands de vouloir passer le Rhin. Aussitôt ils se précipitent en foule sur les rives de ce fleuve pour arrêter tout projet de guerre, ou tout au moins disputer toute attaque de la part des Allemands, ceci au péril évident de leur vie, et comme s'ils partaient pour un triomphe! Si les Alsaciens étaient séparés du roi de France qu'ils adorent, le seul moyen de lui arracher leur cœur serait une chaîne de deux cents ans.

En 1742, l'empereur Charles VII s'exprimait ainsi :

Le royaume de France a été dépouillé de ses limites naturelles : il est temps d'y rétablir sa souveraineté.

Il est curieux de noter qu'à ce moment l'Alsace était française depuis près de cent ans, et que c'est donc de la rive gauche du Rhin plus au Nord qu'il est question.

Le roi de Prusse Frédéric II le Grand, ce grand accapareur sans scrupule, admettait *qu'il était juste que le Rhin pût continuer à être la limite entre l'Allemagne et la France.*

Avant la discussion du traité de Francfort, en 1871, Bismarck lui-même, que nous considérons en général comme l'auteur de l'odieuse spoliation, ne voulait pas d'annexion, car il prévoyait en diplomate toutes les catastrophes qui en résulteraient. Mais le général de Moltke l'exigea comme une nécessité d'ordre militaire.

Et enfin, dans leurs chants nationaux, les Allemands ne parlent jamais des Vosges, c'est toujours de la garde du Rhin qu'il est question.

Mais au dix-neuvième siècle, sous la pression de la

Prusse, une fureur de brigandage de grande envergure s'est emparée d'eux comme à l'époque des invasions du Moyen-Age ; il n'est que temps de les faire rentrer dans l'ordre en leur faisant repasser le Rhin tant chanté et de purger de leur présence la douce plaine d'Alsace et les fières murailles que nos ancêtres ont plantées sur les crêtes de nos montagnes, pour défendre notre sol contre les hordes barbares.

Par-dessus ces vigies, fantômes du passé, témoins des villes séculaires, aujourd'hui les yeux de tous les peuples sont fixés sur ce coin de terre. Ils savent que c'est l'un des enjeux de la gigantesque partie dont la Marne et Verdun furent la deuxième manche... où se mesurent le Droit et la Liberté avec la force brutale et le despotisme.

Je vous ai dit que les Allemands avaient à toute époque reconnu la légitimité des revendications de la France. Mais les Alsaciens eux-mêmes, quel est leur sentiment ? La meilleure réponse que je puisse vous faire est de vous donner lecture des conclusions des déclarations que firent, le 17 février 1871, tous les députés des départements dont on proposait l'annexion, à l'Assemblée nationale à Bordeaux :

Nous prenons nos concitoyens de France, les Gouvernements et les peuples du monde entier à témoins que nous tenons d'avance pour nuls et non avenus tous actes et traités, vote ou plébiscite, qui consentiraient abandon en faveur de l'étranger de tout ou partie de nos provinces de l'Alsace-Lorraine.

Nous proclamons par les présentes à jamais inviolable le droit des Alsaciens et des Lorrains de rester membres de la Nation française, et nous jurons, tant pour nous que pour nos commettants, nos enfants et leurs descendants, de les revendiquer éternellement et par toutes les voies envers et contre tous usurpateurs.

Et, lorsque le sacrifice eut été consommé le 1er mars, ces mêmes députés quittèrent leurs collègues en leur adressant ce déchirant adieu :

Vos frères d'Alsace et de Lorraine, séparés en ce moment de la famille commune, conserveront à la France, absente de leurs foyers, une affection filiale jusqu'au jour où elle viendra y reprendre sa place.

Une émotion poignante nous étreint lorsque nous relisons ces paroles qui resteront toujours notre acte de foi patriotique : ceux de ma génération revoient leur enfance et les déchirements qui ont meurtri les familles ; les uns ont quitté leurs foyers, 200.000 Alsaciens sont partis pour la France ou pour l'Amérique. J'avais neuf ans en 1871 ; mon père me dit : « Tu ne porteras jamais le casque prussien. » Et comme de nombreux camarades, je dus me séparer de tout ce qui m'était cher pour rester Français. D'autres, liés par les nécessités de la vie, ont continué au pays natal la tradition de la France et l'ont perpétuée dans les générations qui se sont succédées ; Alsaciens de France et Français d'Alsace, nous n'avons pas varié, et la même haine de l'oppresseur et le même fervent espoir de nous trouver de nouveau réunis nous unissent toujours.

Savez-vous combien d'Alsaciens-Lorrains se sont trouvés dans l'armée française pendant la présente guerre ? Au moins 30.000. Les uns se sont engagés avant la guerre, un grand nombre dès la déclaration des hostilités. Des milliers ont déserté l'armée allemande au risque de leur vie et sont venus s'engager, sûrs d'être aussitôt fusillés s'ils étaient repris. J'ai été officier sur notre front, et

j'en ai vu moi-même, sortant de la bataille, se retrouver
parmi nous comme au réveil d'un affreux cauchemar,
heureux d'avoir enfin échappé à la servitude prussienne,
et retourner au combat dans nos rangs, vers les mêmes
dangers, mais l'âme libérée.

Figurez-vous que beaucoup d'entre eux ont laissé au
pays des femmes et des enfants ; que beaucoup de leurs
frères n'ont pas pu s'échapper, que c'est sur le front de
Russie que presque tous les Alsaciens ont été envoyés
lorsqu'on a vu combien d'entre eux passaient en France.

Quel serait le sort de ces gens si, par malheur, l'Alsace
Lorraine restait allemande ? En arrivant dans les pays
annexés les officiers allemands avaient coutume de dire,
suivant la formule exprimée par le chancelier Von Jagow
lui-même : « Ici, nous sommes en pays ennemi ! » Et ils
l'ont bien prouvé : les prisons d'Allemagne sont pleines
d'Alsaciens qui ont manifesté leurs sentiments français,
si bien qu'on les appelle là-bas, avec une sorte de fierté,
les « Hôtels de France ». Beaucoup ont été condamnés
à mort.

Un auteur suisse, Benjamin Vallotton, a vécu douze
ans en Alsace, il a réuni ses souvenirs dans un magnifique
livre dédié à ses élèves, Alsaciens morts pour la France.
Voici un fragment de lettre que l'un d'eux écrivait peu
de jours avant sa mort :

*La grandeur de l'Alsace devant l'histoire sera d'avoir
consenti à souffrir sans pousser à la guerre. C'est maintenant seulement que je comprends la réponse de mon père
à cet ami étranger qui lui demandait : « Souhaitez-vous la
revanche ? » « Nous ne nous sentons pas le droit, dit-il, de
précipiter dans la mort des millions et des millions d'hommes, afin qu'il soit mis un terme à l'injustice dont nous
sommes les victimes. Nous ne cesserons jamais de prendre*

le monde à témoin de la violence qui nous fut faite, de protester contre elle, par dignité humaine, par devoir de conscience. Mais là même conscience ne nous autorise pas à désirer la tuerie qui nous libérerait. Il arrivera ce qui doit arriver si nous restons fidèles. Je crois à la vertu de la souffrance. » Il me souvient de m'être indigné. A dix-huit ans, pouvais-je comprendre ! C'est que mon père avait vu et fait la guerre.

Et mon tour est venu. Et je répète une fois encore que la guerre est au-dessous de l'ignoble...

... Nous devons puiser notre force dans cette laideur de la guerre. Plus elle est sale, plus grand est le crime de ceux qui l'ont préméditée et déchaînée à leur heure, et voulue atroce, sauvage, sans pardon, souillée de tous les crimes, dans l'espoir que le cœur nous manquerait et que nous nous jetterions à genoux. Les ignominies par lesquelles on a cru nous abattre nous ont tracé notre devoir. C'est tout simple : il faut tuer la guerre. Il faut traquer ceux qui en ont fait une industrie nationale. Et voilà pourquoi les plus fougueux antimilitaristes se battent comme des lions. On nous impose une besogne effroyable. Mais nous savons, et nous Alsaciens par expérience, quelles seraient les souffrances du monde si nous ne l'accomplissions pas. On peut compter sur nous....

Les Raisons de l'Attachement des Alsaciens-Lorrains à la Fra

Il y a bien des années, une dame allemande, qui souvent allée en France, me dit un jour : « Ce qui frappe toujours dans votre pays, c'est une certaine g qui entoure toute chose. » En Allemagne, le cont nous a toujours choqués. Cette opposition suffit p attirer vers la France, et les Alsaciens-Lorrains au pays y sont demeurés extrêmement sensibles. grâce française est bien autre chose que ce vernis su ficiel, dont un épais sous-secrétaire d'Etat en Alsace a parlé avec dépit. Elle n'est que le signe extérieur de qualités du cœur et de l'esprit d'un ordre supérieur.

Les Allemands ont développé chez eux et en grande partie en Alsace-Lorraine, c'est incontestable, toutes sortes de produits d'industrie qui ont envahi les moindres organes de la vie. L'électricité, par exemple, sous toutes ses formes, y atteint le dernier degré de perfectionnement, les rues sont tenues avec une grande propreté, tout y semble admirablement prévu et réglé, et avec une discipline merveilleuse, mais toujours avec cette raideur et cette grossièreté militaire prussienne qui perce partout et qui offense toujours ; l'on se sent entouré d'une cangue de fer, les divertissements mêmes semblent des exercices commandés, et il y manque toujours cette grâce qu'ils nous envient. La France est restée pour l'Alsace le Paradis perdu ; dès que le contact est rompu, quelque chose d'essentiel semble faire défaut, et lorsqu'il est rétabli une vie plus douce et plus humaine se répand à nouveau.

C'est ce contraste qui est apparent à cette heure entre l'Alsace restée sous le joug et cette petite partie que nous occupons depuis quatre ans ; et le jour où nous la posséderons en entier, et que l'apaisement se sera fait, nous sentons bien que le petit pays si écrasé, si déformé par la « kultur » brutale et sans compréhension, revivra comme une fleur au printemps.

Un Américain, M. Whitney Warren, a dit dans un beau discours prononcé à New-York avant l'entrée en guerre de son pays, au printemps dernier, les impressions qu'il a rapportées d'un voyage en Alsace avant la guerre. Il termina en disant que le sentiment éprouvé, la dernière fois qu'il revit ce pays, qu'il connaissait et aimait depuis longtemps, fut si pénible qu'il ne put se résoudre à y retourner. Depuis la guerre il alla à Thann et au Hartmannswilkerkopf et eut l'impression d'une résurrection.

Si l'Alsace-Lorraine depuis 70 était devenue un purgatoire pour ses habitants, depuis cette guerre-ci c'est l'enfer, et la parole de Gœthe se trouve bien vérifiée lorsque, après avoir passé sa jeunesse dans la douce Alsace, il fut revenu chez lui et entré en rapports étroits avec les Prussiens dont l'influence commençait à s'étendre sur toute l'Allemagne, il écrivait : « Quelques siècles pourront passer encore avant qu'on puisse dire des Allemands qu'il y a longtemps qu'ils furent des barbares. » Que penserait-il d'eux aujourd'hui ?

J'ai dit que la France exerçait une attraction magique sur les Alsaciens-Lorrains contre laquelle les Allemands étaient restés impuissants.

Cela ne suffirait pas pour que les Alsaciens-Lorrains eussent le désir de renoncer à certains progrès matériels qui ont été apportés par les nouveaux arrivants. Il faut au moins qu'il y ait en outre une violente répulsion ; existe-t-elle, et pourquoi ? En premier lieu, elle résulte de la différence fondamentale des caractères, signes irréfutables d'une autre race et d'une mentalité différente. L'Alsacien est avant tout profondément loyal et franc, d'esprit indépendant, très sensible aux affronts; le Prussien, à n'importe quelle classe de la société qu'il appartienne, est par nature sournois, obséquieux, insensible à l'injure, pour elle-même, mais arrogant et irritable par éducation et par système. Il y a entre ces deux êtres incompatibilité absolue, et c'est sûrement là un point sur lequel on ne s'entendra jamais : d'une part, grand respect de la personnalité, de l'autre, anéantissement total qui se manifeste le plus clairement sous la forme la plus abjecte, l'espionnage devenu une fonction nationale ! — Reste le langage. Comment le peuple Alsacien qui parle un idiome germanique peut-il avoir des affinités avec les Français dont beaucoup n'entendent pas la langue? Cet argument a une valeur plus apparente que réelle. Premièrement, le français, s'il n'est pas parlé par le peuple dans la majeure partie de l'Alsace, est resté la langue familière d'une grande partie de la bourgeoisie et de la population de presque toute la région lorraine et de certaines vallées d'Alsace. Secondement, il existe, entre le patois alsacien et l'allemand classique, une telle différence, que les Allemands du Nord n'en comprennent pas un mot ; il se rapproche beaucoup plus du langage des Suisses et même du flamand ; il comprend une foule d'expressions dérivées du français et du latin et les constructions de phrases sont toutes différentes de celles de l'allemand. Et même si ces différences n'existaient pas, une similitude de langue n'a jamais suffi pour faire condamner un peuple à être asservi par un autre ; que deviendraient alors toutes les autres nations de langues germaniques plus ou moins apparentées à l'allemand, hollandaise, scandinaves et même anglaise! Vous n'admettriez pas que, pour les mêmes raisons, l'Angleterre élevât des prétentions sur les Etats-Unis, ou la France sur le Pays de Galles et l'Irlande, sous prétexte qu'on y parle le gaélique que l'on retrouve dans les campagnes de Bretagne? D'ailleurs, si l'Alsace conserve son idiome, c'est que la France, respectueuse des coutumes et des langues, n'a jamais exercé la moindre pression sur aucune de ses provinces, si bien qu'actuellement encore, on prêche en basque et en breton dans beaucoup des églises des Pyrénées et de l'Armorique, tandis que les Allemands persécutent les enfants qui parlent le français ou le polonais, leur langue maternelle.

Mais la cause la plus profonde de l'attachement de l'Alsace-Lorraine à la France, et de la haine des Allemands, c'est que notre défaite de 70 fut la sienne, qu'aujourd'hui elle est ressentie par les Alsaciens-Lorrains comme une plaie restée ouverte, que le souvenir de nos morts pour la patrie commune est toujours aussi vif qu'au premier jour (Noisseville, Wissembourg), qu'enfin l'Alsace-Lorraine est restée un morceau de la France, comme la chair de sa chair, que les quarante-cinq ans de servitude n'ont jamais été considérés que comme une époque transitoire, dont il faudra bien un jour voir la fin. C'est le sang versé en commun qui a consolidé depuis des siècles la fusion de l'Alsace-Lorraine et de la France. Louis XIV disait déjà qu'une seule famille alsacienne lui avait donné plus de soldats qu'une province entière. Le maréchal Ney déclarait à Napoléon que si on lui donnait deux bataillons d'Alsaciens et de Lorrains, il était toujours sûr de gagner la bataille. Vingt-huit généraux alsaciens ont leurs noms gravés sur l'Arc-de-Triomphe de l'Etoile à Paris. Je vous ai dit que, dans la présente guerre, plus de 30.000 soldats Alsaciens-Lorrains, dont 3.000 officiers, combattaient dans nos rangs.

Nécessité économique

Les Allemands ont eu, entre autres buts de guerre, la prise de possession des mines de fer du bassin de Briey en Lorraine, qui sont en ce moment entre leurs mains.

Ces mines, développées depuis une vingtaine d'années, sont les plus considérables de l'Europe. Elles étaient restées longtemps sans attirer l'attention, contenant une notable quantité de phosphore qui rendait leur minerai inférieur de qualité ; actuellement, grâce à des procédés de traitement perfectionnés, on en tire un excellent parti. Le phosphore rend même les scories précieuses pour servir d'engrais à l'agriculture, et le fer est devenu de bonne qualité ; ce fer ne doit pas rester aux mains des Prussiens ; vous savez l'emploi qu'ils en font ; s'ils n'avaient pas eu les mines de Lorraine, qui sont la continuation du bassin de Briey, ils n'auraient pas de canons en suffisance, ni de munitions, ni de sous-marins, et la guerre n'aurait pas pu avoir lieu. Enlevons-leur donc à tout prix les moyens de la recommencer.

Quant à l'Alsace, l'Allemagne y tient aussi beaucoup, non pas tant pour réchauffer dans son sein ses enfants égarés et retrouvés qui la craignent comme le feu, mais parce que, depuis quelques années, on y a découvert des mines de potasse, dont les produits servent d'engrais au sol, notamment de la Prusse, du Canada, des Etats-Unis. Cette potasse ne se rencontre en quantité et qualité égales qu'en Hanovre.

Je pense avoir suffisamment expliqué que les Alsa-ciens-Lorrains de France désirent reprendre leur pays natal au nom de l'honneur et de la liberté, puisqu'ils l'ont réclamé bien avant les découvertes qui l'ont depuis lors enrichi.

Je crois nécessaire de faire cependant ressortir l'im-portance de la question de la potasse, afin que nos alliés ne la perdent pas de vue.

La potasse (K^2O) s'emploie dans presque toutes les branches de l'industrie.

On estime à environ 300 millions de tonnes de K^2O, valant 60 milliards de marks, la richesse de ce gisement.

Ce produit est indispensable aux Etats-Unis d'Amé-rique comme engrais chimique.

Il y a quelques années, des syndicats américains cherchèrent à prendre des intérêts dans les entreprises de l'Allemagne du Nord, mais n'y parvinrent pas.

En 1913, la consommation en K^2O était :

	Tonnes
Allemagne	604.282
Etats-Unis d'Amérique.	248.294
France.	42.436
Autres contrées	216.314
Total.	1.111.326

En 1915, le Geological Survey, Washington (W.

Phalen, Potash Salt), montrait l'importance de l'importation aux Etats-Unis.

	Tonnes de 1.000 kil.	Valeur en dollars
Kaïnite	465.335	2.115.384
Sels pour engrais.	223.687	2.159.043
Total.	689.022	4.274.427
Produits manufacturés. . . .	275.632	10.390.115
Total	964.654	14.664.542

La consommation de K²O avant 1914 était environ :

Allemagne	50 %
Etats-Unis	25 %
Autres contrées	25 %
	100 %

La potasse s'emploi dans presque toutes les branches de l'industrie : en photographie, blanchisserie, pyrotechnie, production du froid, de l'électricité, fabrication du savon, du verre, des allumettes, des couleurs, comme engrais, et surtout pour la culture des céréales et du coton.

Trois substances sont principalement nécessaires pour donner leur nourriture aux végétaux : le phosphore, l'azote, la potasse ; aucune ne peut être substituée aux autres. Or, c'est l'Allemagne, y compris l'Alsace, qui produit actuellement toute la potasse du monde entier, en en exceptant de petites quantités de qualité inférieure fournies par la Galicie, l'Espagne, etc.

Le Nord de l'Allemagne, Hanovre, Mecklembourg, Thuringe, Brunswick possèdent des mines de potasse considérables, développées de 1850-1890, surtout sous forme de kaïnite et de carnalite contenant de la potasse et de la magnésie.

Au commencement de ce siècle, une couche minéralisée d'une grande étendue fut découverte en Alsace, près de Mulhouse, contenant un produit de bien meilleure qualité que celui de l'Allemagne du Nord, la sylvinite (chlorure de potasse et de sodium mélangés), ayant 22 % de potasse pure (K^2O) en moyenne.

Le 26 juin 1917, le docteur Roth, professeur à l'Université de Greifswalde, écrivait dans la *Gazette de Voss*, sous le titre : *Unser Verbündeter das Kali* (Notre alliée la potasse) :

La récolte du blé aux Etats-Unis a diminué par faute de potasse, ainsi :

	Tonnes
1913.	24.300.000
1914.	27.500.000
1917.	17.800.000

Grâce à une heureuse coïncidence, l'Amérique est non seulement notre premier fournisseur en matières premières, mais aussi notre plus grand consommateur de potasse. Quoique la valeur de notre importation d'Amérique soit en grand excès sur notre exportation vers ce pays, il ne faut pas oublier que la potasse correspond à une nécessité biologique. C'est un facteur primordial de la croissance des céréales, qui ne peut être remplacé par aucun autre et que nous devons faire payer cher.

Si nous sommes heureux d'avoir la potasse comme alliée.

*dans celle guerre, nous avons aussi raison de dire qu'elle
pèsera lourd dans la balance de notre côté, le jour où le
traité de paix sera discuté.*

Cet article était complété par un autre de MM. Kühne
et Nagel, commissionnaires en coton à Brême, intitulé :
Kali und Baumwolle (potasse et coton), qui montre
la production du coton aux États-Unis allant en décrois-
sant, par suite du manque de potasse.

	Balles de coton de 500 livres
1911.	16.109.000
1912.	14.091.000
1913.	14.614.000
1914.	16.738.000
1915.	12.013.000
1916.	12.466.000
1917.	12.633.000

*Notre Gouvernement aura en main une arme puissante
dont il saura bien tirer parti lorsque les négociations de
paix s'ouvriront.*

Les propriétaires des actions de mines alsaciennes
sont :

	Marks	
Allemands	42.000.000	46,5 %
Gouvernement d'Alsace-Lor-raine	7.500.000	8,5 %
Français.	22.500.000	25 %
Alsaciens	18.000.000	20 %
	90.000.000	100 %

Les Français, Alsaciens et Gouvernement d'Alsace-Lorraine ayant 53.5 % contre 46,5 appartenant à des Allemands.

Ces chiffres et les déclarations des Allemands sont assez éloquents póur que chacun puisse en tirer des conclusions.

La Question du Plébiscite

Je vous ai dit quelles sont les raisons historiques, sentimentales, économiques, pour lesquelles nous réclamons l'Alsace-Lorraine. Il y a un piège que l'Allemagne essaiera peut-être de nous tendre et dans lequel il ne faut pas tomber. C'est le plébiscite. Actuellement, les Allemands n'admettent pas un instant que la question de l'Alsace-Lorraine puisse être discutée ; mais ils y viendront, et dans leur fourberie habituelle proposeront un plébiscite.

A première vue, cela paraît normal, puisque la France soutient le droit des peuples à disposer d'eux-mêmes, donc rien de plus simple : on demande à tous les Alsaciens-Lorrains de voter. Si la majorité veut être française, le résultat désiré est obtenu ; dans le cas contraire, toutes les protestations de fidélité tombent à néant. Dans la pratique, c'est bien moins aisé ; l'Alsace comprend environ 1.900.000 habitants dont 400.000 émigrés allemands. D'autre part, il y a par le monde peut-être 400.000 Alsaciens-Lorrains qui, par leur départ, ont déjà marqué leur volonté bien nette de ne pas être Allemands, ils ont même, pour la plupart, fait de grands sacrifices pour le prouver. Presque tous ceux venus en France, au commencement des hostilités, ont momentanément ou définitivement perdu leur avoir.

Nous soutenons que les Allemands, ayant attaqué la France dans un but avéré de brigandage, en violant traitreusement la neutralité de la Belgique et en envahissant la France, ont rompu le traité de Francfort ; par suite l'Alsace-Lorraine, conformément à la déclaration de ses députés à Bordeaux, reste terre française au même titre que les provinces du Nord et de l'Est, envahies depuis 1914. Les 400.000 immigrés allemands ne sauraient en aucun cas prendre part au vote. Mais dans quelles conditions les 1.500.000 véritables Alsaciens-Lorrains voteraient-ils ? Il faudrait tout au moins les soustraire pendant plusieurs années à la pression des Allemands qui s'emploieraient de la façon la plus menaçante et la plus perfide à la fois à faire échouer à tout prix une épreuve qui ne pourrait que leur être défavorable, si elle était faite honnêtement. Pratiquement, les épreuves de ce genre, dont il y a des exemples, ont toujours avorté.

En 1864, les duchés de Sleswig et Holstein furent enlevés au Danemark par la Prusse alliée à l'Autriche et attribués à la Prusse. Toutefois, un plébiscite fut admis

pour décider du sort d'une partie de ces territoires annexés ; ce plébiscite, qui devait se tenir au bout de dix ans,
n'eut jamais lieu : les Prussiens une fois en possession
de leur proie, et malgré le vœu des habitants, trouvèrent
bien moyen d'en rester maîtres.

Dans des conditions analogues, un plébiscite devait
aussi régler au bout de dix ans la possession des territoires
d'Arica et de Tacna, sur la côte du Pacifique, que, après
la guerre du Pérou et de la Bolivie contre le Chili, cette
dernière puissance avait occupés. Les Chiliens ne quittèrent jamais le pays et le plébiscite n'eut pas lieu.

La même chose se passerait en Alsace, à moins de
laisser le pays pendant plusieurs années sans Gouvernement et isolé, pour le mettre en état de parfaite indépendance de jugement ; pratiquement c'est impossible.

Comment recueillera-t-on le vote de tous les hommes
venus en France et des milliers qui sont déjà morts dans
nos rangs ? Leur immolation volontaire n'est-elle pas 'a
plus éloquente de toutes les affirmations, et empêche-
rait-on leurs enfants d'en recueillir les fruits ?

En 1874, les députés d'Alsace-Lorraine, au Reichstag,
ont renouvelé, par la voix de Teutsch, les déclarations
de ceux de 1871 et ont demandé un plébiscite. Il leur fut
répondu par des rires insultants. Pourquoi un plébiscite
maintenant, lorsqu'on l'a refusé il y a quarante ans ?

Les Allemands essaient d'ébranler les Alsaciens-Lorrains en leur faisant entrevoir les difficultés du change,
la dépréciation des valeurs, la diminution de certains
salaires, la modification des lois de chasse, du statut
des églises et des écoles : tout cela n'a qu'une importance
très minime, et je suis convaincu que, lorsqu'après la
guerre on verra le change allemand tomber plus bas et
la vie rester plus chère, et les salaires moins élevés en
Allemagne qu'en France, ce qui semble problable, maté-

riellement les Alsaciens auront à se féliciter s'ils sont redevenus Français. Mais l'œuvre dissolvante des Allemands peut avoir une influence si elle ne peut être ni contrôlée, ni combattue à armes égales. Elle se manifeste déjà maintenant de cent façons. Je vais vous donner des exemples des supercheries employées.

Les Allemands morcellent les propriétés séquestrées et les vendent à bon compte, espérant s'attacher les paysans, et fixer en outre dans le pays des Allemands qui seraient, le cas échéant, des votants sûrs. Des agents du Gouvernement, et non des moindres, parcourent en ce moment le pays pour obtenir des listes de protestation contre le retour à la France, à l'aide de toutes sortes de promesses et de menaces.

Quelques incidents inévitables s'étaient produits en France au commencement de la guerre lorsque, sous le coup de l'indignation provoquée par l'espionnage et les fraudes sans nombre des Allemands, des soupçons se sont parfois égarés sur des Alsaciens que leurs noms ou leur langage faisait confondre avec des Allemands.

Certains journaux pangermanistes s'en sont emparés et, en citant des phrases habilement tronquées, ont essayé de faire croire que tous les Alsaciens étaient mal reçus en France. Un député français d'origine alsacienne a proposé au Parlement, dans les meilleures intentions, de donner aux Alsaciens portant des noms difficiles à prononcer par des Français, des facilités pour les modifier ou les simplifier à leur gré. Aussitôt les mêmes journaux ont averti les Alsaciens que la France une fois maîtresse du pays forcerait tous les Alsaciens à changer leurs noms et ceux des localités, tandis que ce sont eux qui se sont livrés à ce jeu dans les territoires de langue française de la façon la plus grotesque. La France, au contraire, a toujours scrupuleusement respecté tous les usages et le langage de ses provinces. Les Prussiens espèrent ainsi amener les Alsaciens à accepter au pis aller l'idée d'une autonomie neutre qui deviendrait bientôt un leurre. C'est une solution absurde : le pays serait ruiné en peu de temps, et rien ne le mettrait à l'abri d'une nouvelle invasion.

Je vous ai fait connaître les motifs que les Français et les Alsaciens-Lorrains ont pour désirer de toutes leurs forces d'être de nouveau réunis, mais nos alliés eux-mêmes ne peuvent s'en désintéresser, abstraction faite de la réparation à laquelle tous doivent coopérer au nom de la fraternité d'armes, du respect du droit et des raisons économiques de défense.

L'Allemagne ayant déclaré la guerre sous des faux prétextes, le traité de Francfort est rompu, les provinces annexées se considèrent comme faisant partie de la France dont elles sont séparées momentanément comme les régions occupées depuis la dernière guerre, et s'en rapportent aux déclarations de Bordeaux. Pour nos alliés, elles prennent une valeur particulière. A la base des mœurs et de l'éducation des pays anglo-saxons se trouve le grand et magnifique principe de ce que vous appelez « fair-play » (jeu loyal). Cela consiste à lutter suivant les règles et par les moyens adoptés d'un commun accord, et ensuite à soutenir le partenaire jusqu'à la victoire.

Les Allemands ont-ils respecté les lois internationales ? Faut-il rappeler l'ignoble espionnage d'avant la guerre, le chiffon de papier, et l'invasion de la Belgique, l'attaque sans avertissement des navires de commerce, le meurtre du capitaine Fryatt, les gaz asphyxiants, etc., etc... Ne faut-il pas lutter jusqu'au bout pour terrasser un adversaire aussi fourbe, qui n'a cessé de pratiquer ce que vous appelez « foul play », et aussi pour sauver la vaillante population d'Alsace-Lorraine, dont le sort, après cette guerre, serait pire que ce qu'on peut imaginer si on ne la délivrait pas ?

Avant cette guerre, l'Allemagne étonnait le monde. Nous nous souvenons du temps où les gestes de l'empereur, ses télégrammes de félicitations et de condoléances étaient commentés avec admiration. Peu de gens ont échappé à cet engouement : les organisations économiques et sociales, tout paraissait parfait chez les Boches, les procédés de l'industrie, du commerce, un peu inquiétants, il est vrai, mais si pratiques, si commodes. L'on s'imaginait positivement que la formidable préparation militaire n'était que le complément nécessaire à la protection d'un si bel ensemble. Les théories de conquête mondiale des grands chefs militaires, Treischke, Bernhardi... étaient inconnues, ou bien traitées de fantaisies de spécialistes. Evidemment, l'Allemagne était partie pour la conquête du monde, c'était bien regrettable, mais ce n'était jamais que par des voies pacifiques, par sa science, sa chimie, ses inventions, et après tout ne serait-ce pas au bénéfice de l'humanité ?

Et tout à coup les voiles tombent, et il est clair que tout ce merveilleux attirail dissimulait un plan gigantesque, soigneusement élaboré, de domination universelle par les armes. Peu à peu l'empereur s'était mué en grand pontife d'une sorte de croyance nouvelle, celle **du vieux dieu allemand** : Thor, antique divinité de la mythologie du Nord, mais dépouillé de toute grandeur chevaleresque, personnifia le génie prussien de la destruction et du pillage scientifique. Il est bien représenté dans le numéro de février 1915 du périodique allemand *Jugend* (Jeunesse) : c'est l'idéal proposé à la jeunesse boche et accepté.

Ne croyez pas que cette vision infernale soit la création occasionnelle d'un dessinateur hystérique. Non, c'est la véritable idole pangermanique, aux pieds de laquelle,

Le vieux Dieu allemand.

(JUGEND, février 1915.)

en Allemagne, les prêtres de toutes les religions et les apôtres de tous les systèmes mènent hypocritement leurs troupeaux serviles, autant d'automates marchant au pas de l'oie vers un monstrueux sacrifice : la grâce et la disgrâce boche !

Cette révélation a donné, avec l'horreur de la *kultur* boche, une sorte d'apaisement à la conscience de ceux qui étaient restés hésitants devant son fallacieux prestige : mirage jadis, aujourd'hui réalité ! Et cet abominable idéal allemand, dont la réalisation ramènerait l'humanité quelques milliers d'années en arrière, en dépit de toutes les inventions et tout le confort moderne, il faut le combattre jusqu'à sa destruction.

Vous ne pouvez pas laisser les Alsaciens-Lorrains aux mains des Prussiens.

N'oubliez jamais combien la France a été sollicitée par l'Allemagne à former un bloc qui aurait défié le monde. Ainsi le principal objectif, bien souvent proclamé par l'Allemagne, l'écrasement de l'empire britannique sur mer et dans les colonies pouvait être atteint, et la France pouvait se croire à l'abri d'une agression allemande toujours pendante. Mais l'outrage de 1870 n'était pas effacé, la question d'Alsace-Lorraine n'était pas réglée, et la France ne céda pas. Au moment des négociations d'Algésiras, c'était une fière, mais audacieuse attitude. En Allemagne, préparation militaire, organisation matérielle de tous les services, éducation dans toutes les classes de la nation, tout était coordonné, en vue de ce but bien déterminé : la guerre de conquêtes et la domination du monde, l'hégémonie des mers, *Deutschland über Alles, die Gosse Sache !*

Et la France défiante et digne s'est tournée vers ceux desquels elle attendait une alliance loyale et auxquels elle reconnaissait un plus noble idéal, mais dont la préparation militaire était, il faut bien en convenir, loin de donner des garanties certaines. Le coup fatal a été frappé, elle a reçu le premier choc, sa frontière a été envahie, son existence même menacée, et ses départements les plus riches sont convertis en un désert. L'Alsace-Lorraine, dont un moment on avait entrevu la délivrance, est toujours, sauf une petite partie, aux mains de l'oppresseur. Nos alliés ont contracté une dette sacrée. Je sais qu'en m'adressant au public écossais en particulier, je rencontre par avance de la sympathie pour la France, elle se manifeste à chaque pas, d'anciens souvenirs historiques ont toujours été maintenus vivaces, mais il faut que votre affection s'étende à l'Alsace-Lorraine, cette partie de la France si douloureusement frappée.

Vos hommes d'Etat ont déjà confirmé nos propres vœux par leurs déclarations, et ma tâche est rendue plus facile depuis que le premier ministre, Lloyd George, a dit, il y a peu de jours, dans un magistral discours : *La question d'Alsace-Lorraine est un ulcère qui, depuis près d'un demi-siècle, a infecté le monde, et la paix ne saurait être assurée sans qu'il fût guéri.*

Et voici les Etats-Unis d'Amérique entrés dans la lutte pour la cause de l'humanité, ajoutant par la grande voix du président Wilson :

Tous les territoires français doivent être libérés et la partie envahie rendue, et le dommage fait à la France par la Prusse en 1871, en la dépouillant de l'Alsace-Lorraine, qui a empêché la paix de s'établir en Europe depuis près de cinquante ans, doit être réparé, afin que la paix soit assurée de nouveau pour le bien de tous.

L'idée d'une autonomie ne peut être admise ; elle paraît souvent séduisante et même normale en Grande-

Bretagne et aux Etats-Unis où l'unité de lois n'existe pas comme en France. La législation varie en Angleterre, en Ecosse, en Irlande, au pays de Galles, dans les Dominions. Il faut bien comprendre qu'il n'y a pas en Alsace de précédent ni de tradition historique analogue ; le pays n'a eu sa législation que du moment où, réuni déjà à la France, il a renoncé pour toutes ses parties aux anciennes lois, coutumes, organisations locales, lorsque la constitution de 1789, donnée à toute la France, fut particulièrement reconnue en Alsace et en Lorraine. Les aspirations des Alsaciens et des Lorrains, de former partie intégrante de la France, se trouvèrent ainsi réalisées. En 1781 déjà, Strasbourg avait célébré le centième anniversaire de son retour à la France, et c'est en ces termes que le magistrat s'exprima :

Tous les ordres et citoyens de la ville de Strasbourg, qui sont depuis cent ans sous la domination de la France, jouissant d'une tranquillité et d'un bonheur inconnus de leurs ancêtres, ont marqué le désir unanime de témoigner publiquement leur reconnaissance et leur attachement.

Cette déclaration est encore renforcée par celle que fit le député Merlin de Douai, en 1793, disant :

Le peuple alsacien s'est uni au peuple français parce qu'il l'a voulu, c'est donc sa volonté et non pas le traité de Munster qui a légitimé l'union.

Et ce vœu ardent est encore le sien aujourd'hui malgré quelques protestations officielles allemandes.

En voici la preuve la plus belle et la plus touchante : Un de mes parents, officier dans l'armée française, me racontait il y a peu de jours que, se trouvant, au moment de la fête nationale, dans une bourgade de l'Alsace reconquise, il fut frappé d'y voir un enthousiasme qui n'était pas de commande et plus de drapeaux tricolores aux fenêtres qu'il n'en avait jamais vu dans aucune autre localité de France. Il s'approcha d'un vieil habitant de l'endroit et, lui faisant connaître les liens qui l'unissaient à l'Alsace, lui demanda ce qu'il pensait d'un plébiscite dans la région non encore occupée par nous. L'homme montra de la main les drapeaux et répondit simplement :

— **Voilà notre plébiscite !**

Le serment solennel de nos alliés s'accomplira. A toutes les fenêtres de Strasbourg les couleurs françaises flotteront de nouveau, tandis que les fanfares de nos troupes réunies sonneront notre chant national de retour à son lieu d'origine, au pied de notre vieille cathédrale : tragique figure d'une veuve sous des voiles de pierre, elle attend, captive... Ce jour glorieux, c'est une fiancée qui nous apparaîtra radieuse dans ses dentelles au soleil renaissant de la liberté.

Quelques Citations Allemandes

« Nous sommes de la race du Dieu au Marteau et nous voulons hériter de son empire. »

Félix DAHN. *Histoire d'Allemagne en Images.* Tome I, p. 10.

\# \#

« De toute façon, il faut nous débarrasser d'abord de la France, afin d'avoir ensuite les mains libres dans notre politique mondiale. C'est la première condition et la condition indispensable d'une saine politique allemande. Il nous faut abattre la France de telle sorte qu'elle ne puisse jamais nous barrer le chemin. »

Général BERNHARDI. *L'Allemagne et la prochaine guerre,* page 103.

\# \#

« Que le roi soit à la tête de la Prusse, la Prusse à la tête de l'Allemagne, l'Allemagne à la tête de l'Univers. »

Von BULOW. *Discours,* I.II, page 34.

\# \#

« Dieu veillera à ce que la guerre survienne toujours : c'est un terrible remède, mais il est nécessaire au bien de l'humanité... On doit considérer que Dieu parle au souverain toutes les fois que se présente une occasion favorable d'attaquer son voisin et d'étendre ses propres frontières. »

TREITSCHKE. *Politique,* page 76.

\# \#

« Oui, il y a un Dieu qui aime l'attaque sauvage. »

Heinrich WIERORDT.

\# \#

« Nous pavoisons nos demeures, nous faisons sonner nos cloches, nous entonnons des actions de grâce parce que 2.000 personnes sont expédiées au fond de l'Océan par un de nos sous-marins. Oui, de telles manifestations sont vraiment allemandes et chrétiennes. »

Sermon de Georg HŒBNER, pasteur à Freindiswalde, près Leipzig, après le crime du *Lusitania.*

\# \#

« Faut-il que la civilisation élève des temples sur des montagnes de cadavres, sur des mers de larmes, sur les râles de morts ? — Oui, oui, elle le doit ! »

Maréchal VON HÆSELER. *Les vraies causes de la guerre,* par le professeur Kuhn, page 75.

Au moment de mettre sous presse ce qui précède, je reviens d'une tournée de conférences au milieu des troupes de nos alliés américains.

Quelle belle assurance, quelle activité réfléchie, quelle discipline ; réconfortant spectacle, donnant la certitude de la victoire !

Mais la générosité naturelle de cette cohorte puissante est si pure, que beaucoup ne saisissent pas encore à quel point leur adversaire est indigne et éloigné de leur propre conception d'une lutte loyale, et ne peuvent croire aux atrocités allemandes telles qu'elles sont relatées par nos témoins les plus dignes de foi.

Je me vois obligé, sur leur propre demande, d'ajouter quelques traits, dont je puis certifier sur l'honneur l'authenticité.

En voici que j'ai trouvés dans les papiers de soldats prisonniers, que j'ai lus par milliers, étant officier sur notre front :

Du carnet d'un soldat du 2e Corps de Réserve bavarois :

Arrivés à l'entrée d'un village de Lorraine nous vîmes là la première tombe d'un réserviste allemand, pour venger notre camarade nous mîmes le feu au village, et quatre à cinq cents habitants périrent dans les flammes.

Lettre d'un soldat à sa femme :

En traversant un village nous entendîmes des coups de feu. Aussitôt la colonne fit halte. Nous reçûmes l'ordre de faire descendre les habitants sur la place et le massacre eut lieu. J'ai ouvert moi-même le corps à cinq femmes et trois jeunes filles avec ma baïonnette.

Autre extrait d'un carnet :

Nous avons passé la nuit au pied d'une muraille qui disparaissait sous les cadavres des femmes et des enfants.....
..... Ce que l'on nous fait faire est épouvantable, mais c'est par ordre...

Cette dernière phrase revient souvent. Ceux qui l'écrivent semblent vouloir justifier, à leurs propres yeux, leur ignoble servilité. Ces faits sont bien conformes aux principes établis par les chefs.

Si ces hommes-là et les millions d'Allemands qu'ils poussent devant eux comme des chiens à la curée deviennent les maîtres du monde, toutes les conquêtes de l'esprit sur la brute seront mises à néant, et l'humanité se retrouvera à son point de départ.

Table des Matières

Distribution et mise en pages par
« Les Éditions d'Alsace-Lorraine »   Imprimerie Jean Cussac